Made in the USA
Middletown, DE
12 December 2021

55288315R00068